ສະພາບອາກາດ

โดย: ອາມານົ ภูບາອາຄານາ

Library For All Ltd.

ອົງການ Library For All ແມ່ນອົງການທີ່ບໍ່ຫວັງຜົນກຳໄລ ທີ່ມີພັນທະກິດທີ່ຈະເຮັດໃຫ້ທຸກຄົນ ສາມາດເຂົ້າເຖິງແຫຼ່ງຄວາມຮູ້ ຜ່ານບະອັດຕະກຳຫ້ອງສະໝຸດດິຈິຕອນ. ເຂົ້າເບິ່ງລາຍລະອຽດເພີ່ມເຕີມທີ່: libraryforall.org

ສະພາບອາກາດ

ຈັດພິມຄັ້ງທຳອິດໃນປີ 2019. ແປ ແລະ ຈັດພິມໃນ ສປປ ລາວ ປີ 2020.

ຈັດພິມໂດຍ: ອົງການ Library For All
ອີເມວ: info@libraryforall.org
URL: libraryforall.org

ປຶ້ມພາສາລາວເຫຼັ້ມນີ້ ຖຶກສະໜັບສະໜູນໂດຍການຮ່ວມມືຂອງ

ສະພາບອາກາດ
ອາມານີ ພູບາອາດານາ
ISBN: 978-9932-09-096-9
SKU00911

ສະພາບອາກາດ

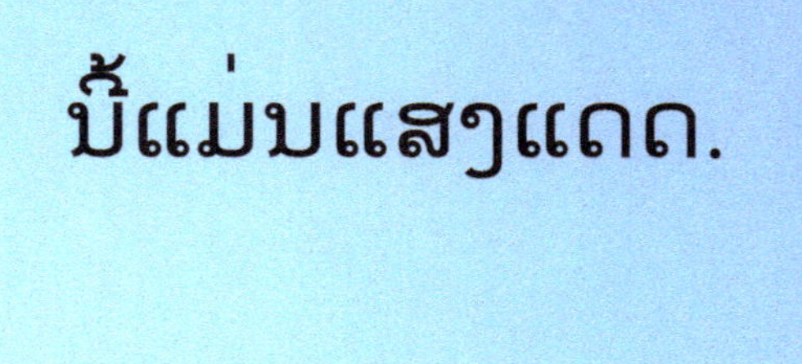

ບໍ່ແມ່ນແສງແດດ.

ບໍ້ແມ່ນເມກ.

ບໍ້ແມ່ນຝົນ.

ບໍ່ແມ່ນລົມ.

ນີ້ແມ່ນພາຍຸ.

ບໍ້ແມ່ບທິມະ.

ບໍ່ແມ່ນຫມອກ.

15

ຂໍ້ມູນທາງບັນນາບຸກົມຂອງຫໍສະໝຸດແຫ່ງຊາດ

ອານານີ ກູນາວາດານາ
   ສະພາບອາກາດ L / ໂດຍ ອານານີ ກູນາວາດານາ. -- ຄັ້ງທີ2. --
ວຽງຈັນ : ມັກອານ, 2020
   24 ໜ້າ : ພາບປະກອບສີ ; 21 ຊມ
   1. ອາກາດ
   2. ວັນນະກຳສຳລັບເດັກ
   I. ຊື່ເລື່ອງ
333.92 -- dc21
   ISBN 978-9932-09-096-9

ເຈົ້າສາມາດໃຊ້ຄຳຖາມດັ່ງລຸ່ມນີ້ເພື່ອ
ສືບທະບາກ່ຽວກັບເລື່ອງທີ່ອ່ານກັບ ຄອບຄົວ,
ໝູ່ ແລະ ຄູອາຈານ.

ເຈົ້າໄດ້ຮຽນຮູ້ຫຍັງຈາກເລື່ອງນີ້?

ຈົ່ງອະທິບາຍເລື່ອງນີ້ ໂດຍໃຊ້ຄຳບັນຍາຍ
1ຄຳ. ຕະຫຼົກ? ຍ້ານ? ມິສິສັນ? ໜ້າສົນໃຈ?

ເມື່ອອ່ານຈົບແລ້ວ,
ເລື່ອງນີ້ໃຫ້ຄວາມຮູ້ສຶກຫຍັງແດ່?

ໃນເລື່ອງນີ້, ເຈົ້າມັກສິ່ງໃດຫຼາຍທີ່ສຸດ?

ດາວໂລດແອັບ
getlibraryforall.org

ກ່ຽວກັບຜູ້ປະກອບສ່ວນ

ອາມານີ ກູນາວາດານາ ໄດ້ອົບພະຍົບຈາກສິລັງກາ ມາອາໃສຢູ່
ປະເທດອົດສະຕຣາລີພ້ອມຄອບຄົວຂອງລາວ ຕອນລາວອາຍຸໄດ້
5 ປີ. ລາວໄດ້ຮຽນຢູ່ມະຫາວິທະຍາໄລ ແດກິນ, ເມວເບິນ, ແລະ
ໄດ້ຮັບປະລິນຍາທາງດ້ານ ການສິດສອນ. ບອກຈາກຈະເປັນ
ແມ່ທີ່ຕ້ອງລ້ຽງລູກນ້ອຍ 3 ຄົນ, ລາວມັກທີ່ຈະຂຽນເລື່ອງຕ່າງໆ
ເມື່ອລາວມີເວລາວ່າງ. ລາວມີຄວາມສຸກກັບການອ່ານປຶ້ມ
ກ່ຽວກັບເດັກນ້ອຍ ທີ່ມີຄວາມແປກປະຫຼາດ, ມີຈິນຕະນາການ ແລະ
ມີຄວາມມ່ວນຊື່ນ.

ປື້ມທີ່ອນີ້ມ່ອນບໍ່?

ພວກເຮົາມີປື້ມຫຼາຍຮ້ອຍທີ່ໃຫ້ເລືອກອ່ານ.

ພວກເຮົາຮ່ວມມືກັບນັກຂຽນ, ຜູ້ຊຽວຊານດ້ານການສຶກສາ, ທີ່ປຶກສາທາງດ້ານວັດທະນະທຳ, ລັດຖະບານ ແລະ ອົງກອນທີ່ບໍ່ຂຶ້ນກັບລັດຖະບານ ເພື່ອນຳຄວາມເພີດເພີນ ໃນການ ອ່ານໃຫ້ກັບເດັກນ້ອຍທີ່ອທຸກແທ່ງ.

ຮູ້ບໍ່?

ພວກເຮົາສ້າງການປ່ຽນແປງທີ່ດີໃນຊົງເຂດນີ້ ໂດຍປະຕິບັດ ເປົ້າໝາຍ ການພັດທະນາແບບຍືນຍົງຂອງສະຫະປະຊາຊາດ.

libraryforall.org